A ARTE DE ADMINISTRAR

101 MÍNIMAS máximas
MAIS CÍNICAS
DO QUE SÁBIAS

Mario Serra Neto

A ARTE DE ADMINISTRAR

101 mínimas máximas MAIS CÍNICAS DO QUE SÁBIAS

Copyright © 2005 by Novo Século
Mediante contrato firmado com o autor

Direção Geral *Nilda Campos Vasconcelos*
Supervisão Editorial *Silvia Segóvia*
Editoração Eletrônica *Sergio Gzeschnik*
Caricatura *Inácio*
Capa e Projeto Gráfico *Fernando Pimenta*
Revisão *Equipe Novo Século*

Dados Internacionais de Catalogação na Publicação (CIP)
(Câmara Brasileira do Livro, SP, Brasil)

Neto, Mario Serra
  A arte de administrar : 101 máximas, mínimas mais sábias do que cínicas / Mario Serra. – Osasco, SP : Novo Século Editora, 2005.

  1. Administração - Citações, Máximas etc. 2. Humorismo I. Título

05-5731   CDD-658

Índice para catálogo sistemático:

1. Administração   658

2005
Proibida a reprodução total ou parcial.
Os infratores serão processados na forma da lei.
Direitos exclusivos para a língua portuguesa cedidos à
Novo Século Editora Ltda.
Av. Aurora Soares Barbosa, 405 – 2º andar – Osasco – SP – CEP 06023-010
Fone (11) 3699-7107
www.novoseculo.com.br
editor@novoseculo.com.br

PREFÁCIO

Apresento-lhes Mario Serra Neto, meu amigo e ex-colega do BNDES. Explico. Antes de virar humorista eu fui engenheiro de produção. Quer dizer, acho que às vezes ainda sou um pouco. Entre 1981 e 1989 fui estagiário e mais tarde funcionário do BNDES e, logo ao chegar, fui apresentado ao Mario e desde então posso usufruir não só de sua amizade irrestrita, mas também de sua enorme, interessante e original experiência profissional.

Declaro que aprendi muito com o Mario sobre negócios, operações financeiras e análise de empresas. Mas nunca de forma estritamente quantitativa e careta, longe disso, o Mario Serra Neto, maluco beleza, me ensinou que num projeto, num negócio, em qualquer atividade existe a pessoa, o ser humano. E o comportamento do indivíduo, suas reações nas tomadas de decisão e nos momentos de crise são muito mais reveladores do que um balanço contábil.

Com a Arte de Administrar – Algumas Máximas Muito Mais Cínicas Que Sábias, Mario Serra Neto, salda dívida com a Humanidade em geral, dividindo generosamente toda sua experiência. O livro com muita verve e humor, reúne através de pensamento um pouco do enorme conhecimento que o Mario reuniu ao longo de sua originalíssima vida profissional e pessoal.

Bom proveito!

Marcelo Madureira
Casseta & Planeta

HOMENAGEM

Aos Amigos

    que já foram

        e aos

            que estão por aí ....

DEDICATÓRIA

Aos meus filhos

Mariana, Guilherme e Julio.

E a todos aqueles

que me ensinaram ... a viver.

DA CLASSIFICAÇÃO

Administrar,

    com certeza,

        não é ciência.

        É

        muito mais:

            Arte

DO DICIONÁRIO

Arte

Que só com a letra "a" tem:

        Atuar (sempre)
        Aguardar
        Arrochar
        Articular
        Atentar
        Atenuar
        Atiçar
        Atrair
        Atraiçoar
        Atrancar
        Atravessar
        Atreguar
        Atrelar
        ....
        ....

        Leia mais ....

DO INÍCIO

A coisa começa pela

necessidade

de confiar em alguém.

DA ARTE DE ADMINISTRAR

Tem tudo de Política

e mais de Sabedoria

muito a ver com o Jeito de Ser.

Porém,

      sem poder,
      só se administra,

    Olhe lá .... Você.

DOS DETALHES

Na administração,

como na vida

o que vale são as sutilezas.

Aliás,

ao alcance de muito poucos ....

DO APRENDIZADO

Tão importante

        quanto aprender

              é ensinar.

Prepare o futuro.

DAS VERDADES

O importante não é acertar,

é a rapidez

que se corrige o erro.

Até porque se erra muito mais.

DAS MENTIRAS

Não se ganham todas.

Na verdade, muito poucas.

Só que é segredo.

(Ninguém conta ~~seus~~ fracassos)

DA AMBIÇÃO

Como em todas as artes,

os desafios valem mais.

DA SABEDORIA

Atuar é fundamental.

Discernir, mais.

DOS INSTRUMENTOS I

O foco
está para a administração
assim como
a bússola para a navegação.

Quem não foca
              não enxerga
e quem não enxerga
              não vê.

DOS INSTRUMENTOS II

Não menospreze a concorrência

Ela é seu norte

ou

a sua morte.

DA ATUAÇÃO

Cada momento, tem sua cena.

Trocar papéis ou públicos

pode ser fatal.

DOS LIMITES

Ouse.

Mas não

abuse.

DA ORATÓRIA I

Discussão não se ganha

        com conhecimento

mas sim

        com convencimento.

DA ORATÓRIA II

E mais

"chute" com perfeição

ou seja,

com requinte e convicção.

"Mais vale um 'chute' bem colocado

que uma tese mal explicada".

DOS MOVIMENTOS I

Subir e cair são movimentos da vida.

Mas

   subir com educação

      e

         cair com elegância

            só para os craques ....

DOS MOVIMENTOS II

Aliás, lembre-se sempre:

"Tudo que sobe desce"

e

Flutue

na

queda.

DAS CONDIÇÕES DO TEMPO I

Não se acostume à sombra

e dose a exposição ao sol ....

nunca se "queime".

Não carregue guarda-chuvas

mas cuide

para ter sempre um ao seu dispor.

DAS CONDIÇÕES DO TEMPO I I

Aguarde o temporal passar,
e não se atole.
Porém atolado, peça ajuda.

Alias ajude todo atolado
.... vai ganhar um aliado.

Não vá rápido em piso escorregadio.
Desça engrenado
e
nunca suba empurrado.

DA BASE

E mais ....

não use bengalas;

e não se apóie todo em um só.

Distribua-se

    apóie-se um pouco em todos.

        Pendurar-se jamais.

DA HARMONIA

Entre

as emoções e os objetivos:

.... Apaixone-se ....

DO EQUILÍBRIO

Ache-o
e de novo
novamente
e mais uma vez ....

Mesmo atordoado
desnorteado
exasperado

        Sempre ....

e

mesmo equilibrado

.... Equilibre-se ....

DAS ENTRADAS

Cuidado com

                as entradas triunfais

quase sempre

                tornam-se ridículas.

Na dúvida ……….. seja discreto

        (não dê bandeira)

DA GENÉTICA

Evite conviver
com os que combinam

    Prepotência   e   ignorância,
    vaidade   e   insegurança,
    covardia   e   m a l d a d e,

e

jamais confie nos que acumulam
ganância, audácia e desonestidade

    ...... vai ficar sem a carteira ......

DOS AUXILIARES

Escolha bem,
      muito bem mesmo,
            seus imediatos.

Normalmente,

são os mais difíceis de administrar,
adoram mostrar e provar
que são aptos

a ocupar .... o seu lugar.

DA SELEÇÃO

E mais ....

em matéria de escolhidos

privilegie a todos.

Não faça diferenças;

deixe que elas .... apareçam.

DAS ATENÇÕES

Trabalhe o ego

dos seus subordinados e entornos.

Todos, sem exceção

gostam e querem:

"Atenção e importância"

DA CABOTINAGEM

Nada mais cabotino
que frases chavões como:

- Conto com você.......................
- Você é parte importante................
- Vou pensar com atenção especial.......
- Sua contribuição é fundamental..............

Entre outras mil.................

Mas o pior: .... funcionam.

DAS DES / IGUALDADES

Os estados da alma

podem até ser comuns

aos que mandam

e aos que obedecem.

Já os motivos e os interesses

ah / há quantas diferenças !!!!!

DO TEMPO

Pessoas

idéias

e

projetos

Fora do .... tempo ....

são vistos como loucos.

Mas, com o tempo ....

DO DINHEIRO I

Use o dinheiro como aliado,
não o faça adversário.

Comprar com dinheiro,
qualquer idiota compra.
Mas sem,
               é Arte.

DO DINHEIRO II

Aliás,

festeje seu aniversário

e tudo o mais que possa,

mesmo sem dinheiro.

DOS BECOS

Quando encurralado,

respire fundo.

Recupere a calma

e dê a volta.

Se não conseguir .... fuja.

Recuar é tático

e, às vezes,

mais importante que avançar.

DAS POSTURAS

O poder é como o vestir:

uns ficam

discretos e elegantes,

outros

desalinhados e espalhafatosos.

DOS ESTADOS

Aprenda a separar:

    rico de poderoso

    honesto de desonesto

    dedicação de obrigação

    autoridade de autoritário

Além de administrar vai votar melhor

DAS CONJUGAÇÕES

E a conjugar:

    ser e estar

    ganhar e perder

e lembre-se:

    Tudo na vida é passageiro ......

    .... até a própria eleição.

DAS LIÇÕES

Aprende-se

mais nas derrotas

que nas vitórias.

Os erros trazem reflexão.

Já as vitórias

servem

para acirrar vaidades

.... nas comemorações.

DAS TRANSFORMAÇÕES

Os práticos

fazem quase tudo.

Porém,

só os idealistas

mudam os práticos.

DAS DOSAGENS

Aos próximos

        dose:

                intimidade

          ou

              poder.

DAS NOVIDADES

Pouco se inventa

(na verdade, quase nada)

muito se copia.

Outro tanto se transforma.

Então a questão é:

                     Adaptação

DOS PARENTES

"Quem contrata parente
  está procurando
     um problema permanente".

Empregue seu genro
na empresa de um conhecido ....
.... bem distante

depois de tentar
de todas as formas,
colocá-lo nos concorrentes.

Faça o mesmo
com filhos,
sobrinhos, afilhados, e dependentes.

No futuro,
       se forem bem: Parabéns.

DA ATUAÇÃO

Quem atraí as luzes,

ou

rouba a cena,

        deve ser bom ator.

DAS COBIÇAS

As idéias boas,

como as mulheres bonitas,

são sempre disputadas e cobiçadas.

Quase tudo valendo

para conquistá-las.

Portanto,

"cuide muito bem de ambas".

DAS CARGAS

"A constante preocupação
com uma possível vingança,
de quem você derrotou
e não eliminou,
será um fardo
sempre pesado e inútil
para carregar".

É igual a viver com gente chata.

DOS GRUPOS

Cultura de gueto

não é progresso,

é sobrevivência

ou

ajuntamento de vaidades.

"Não se inclua"

DA PLANTAÇÃO

Seja gentil,

dê atenção a todos.

Dar uma rosa / agrado

                        hoje

pode evitar uma porrada

                        amanhã.

DOS TRAMBIQUEIROS

Têm os imediatamente perceptíveis
engomados e melosos.

Todos são gentis e educados
sempre muito sorri-dentes
e concordando
com tudo que você .... vai dizer,
reconhecê-los é fundamental.

Usá-los a seu favor
pode ser bom
mas cuidado
não ponha raposas no seu galinheiro.

DAS ALTURAS

O poder embriaga
dá porre e enleva
faz confundir o entorno.

Os amigos se afastam
os oportunistas se tornam íntimos ....

Isso tudo se percebe no fim .....

.... bem .... no fim.

DO VÁCUO

Entre

um inebriado no poder

e um poderoso totalmente confuso.

Saia de baixo

ache um outro lugar.

Em uma administração inteligente,

os objetivos são claros

e o poder é nômade

"muda sem machucar"

DA ESPERA

Quem recebe muito
        por pouco

com certeza um dia
        vai ser cobrado
              por tudo.

DAS DÍVIDAS

Quem deve sabe

que vai ser cobrado um dia.

Portanto tente:

    escolher seus credores

    e

    a época para pagar ....

"EMPRESAS I"

Aprenda a ler corretamente

Empresa é Gente.

O resto são números

mas mantenha todos positivos.

"EMPRESAS II"

Aliás .... Repare:

Quanto menor a empresa

mais parecida

com o dono.

DO DESPERTAR

Acorde !!!!

Nem sempre
a galinha do vizinho
é melhor que a sua.

É sempre mais fácil pensar
no negócio dos outros,
que desenvolver ou insistir
no seu (próprio) ....

Seja persistente
mas não seja burro ....

DAS REUNIÕES E DOS AVIÕES

Nas reuniões como nos aviões

nunca entre

sem ter, pelo menos,

uma

        porta de saída

e outra

        de emergência.

DO BOTE

Atente.

Mais importante

    "do que"

  e

    "como"

é o "quando fazer".

DOS ESTOUROS

Não duvide.

Projetos como obras

        nunca acabam no prazo

e pior

        sempre custam mais caro

        exceções só para aqueles
        que já pagaram
        para aprender.

DO GERAL

Toda empresa privada
tem um "q" de estatal.

Na verdade,
muito mais.
Multinacional nem se fala ......

Olhe bem o seu rabo
(no bom sentido)
do lado bom e do lado mal.

DO FECHO

Nos discursos

como em todas as carreiras

e artes

o último desafio

é saber a hora de parar.

.... E mudar.

DAS FAISCAS

Decidir sob impulso

que é diferente

de decidir no limite

traz sempre o arrependimento

de não ter parado

para pensar ....

"Seja decidido mas não impulsivo"

DOS PROJETOS

As idéias são sonhos.

Os projetos são exercícios.

A execução é arte.

DO COBERTOR CURTO I

Nos projetos

como no futebol

e

na cama

ou

se cobre todas as necessidades

ou vai faltar

e aí .... "Perdeu"

DO COBERTOR CURTO II

.... Nas próximas oportunidades,

(se houverem), ...

Vai custar cada vez mais caro

e mais difícil conseguir.

"Meça certo e ande coberto"

DOS ACESSOS

As vias do poder podem ser:

A dos que:

- Se preparam para chegar;
- Chegam sem saber;
- Mais ou menos contanto que cheguem;
- Dão as calças para chegar;
  e muito mais para ficar ...
- Não vão chegar ....

Porém, acredite,
    há outras vias / vidas inteligentes
        mesmo sem poder.

DOS IN / FINITOS

Não existe nada eterno.

Mas,

atenção com os prazos

e a qualidade.

DA IMAGEM

Trabalhe o futuro,

projete-se no presente.

                E o passado,

                              conte a seu modo.

A EXALTAÇÃO

Tema a super-avaliação,
os falsos aplausos,
os puxa-sacos,
e mais,
evite a "retro-alimentação"[*]

(*) Efeito produzido pelos que o cercam
e tecem elogios e batem palmas
a todos os seus planos e desejos.
Por mais babacas
e fora de propósitos que sejam.

DAS SAÍDAS

Nas discussões
se apertado:
 pare e ganhe tempo.

Vá ao banheiro:
alivia, arrepia e esvazia
o corpo e a mente.

De bexiga vazia
todos ficam diferentes
mudam de humor
e até encontram novos caminhos.

"Os que praticam recomendam"

DOS CUIDADOS

É melhor um adversário digno que um indigno aliado.

Falsos amigos, nem pensar.

Alianças (todas) sempre com muito cuidado.

Como discernir e identificar esta é a questão.

DO GANHAR TEMPO

A verdade sempre aparece,

mas às vezes só no futuro.

Bem .... O futuro,

a Deus pertence ....

DOS INTERESSES

Acredite

você só é dono (do seu negócio)

até o momento

que os credores não viram sócios .....

"Seja inteligente trabalhe para você"

DAS INCONGRUÊNCIAS DOS CUSTOS

Repare ....

que muito mais se gasta

com aqueles escolhidos

para nos ajudar a economizar

.... seja o que for ....

DO DEFINIR

Exercite o diferenciar:

    amigos

    colegas

    companheiros

    contemporâneos

    cúmplices

    dependentes

    parceiros

    parentes

    postulantes .....

DOS ANIMAIS

Não cutuque ... feras e feridas

não dê asas .... aos outros

nem crie cobras .... e dependentes

mesmo achando

que não tem perigo

um dia você esquece e ....

DOS DESEJOS

O lance é servir

o que os outros pedem.

Mas

o gol é sacar

o que eles realmente

.... desejam.

DO NÃO SABER

Nada pior que um "sabe tudo"

só os tolos acham

que sabem (de) tudo ....

Não tenha vergonha

de dizer "não sei"

Copie os espertos e os sábios

que aprendem com os outros.

DO INSTRUMENTAL I

Quem tem competência

para escolher bem um bom consultor

não necessariamente precisa de um.

Mas quem não tem (competência) ...

quase sempre

precisa muito de um ....

DO INSTRUMENTAL II

Mas desastroso mesmo

só os que quebram

sem procurar ajuda.

"Cuide da auto-suficiência"

DAS MOLEZAS E DAS DUREZAS

Assistente
é quem faz
o que você é pago para fazer
e não faz
por que não gosta
(ou não sabe) ....

Aliás
quando são muito bons
                viram logo assistidos.

Obs: assistente é o primo pobre do assessor

DO ANTES

As concordatas,

assim como os

exames preventivos,

deveriam ser pedidas

pelo menos seis meses antes.

"Antecipe o possível

    não espere o definitivo"

EMPRESÁRIO E EXECUTIVO

Empresário

é um ser ousado

que, entre outros riscos e coisas

compra e vende muito bem.

Executivo é quem toca.

E resolve / (cria) problemas ....

DO APRENDER

Repetir exaustivamente
o mesmo exercício
não é só esforço
            é aprendizado.

Mas

Repetir insistentemente
os mesmos erros
não é perseverança
            é teimosia e burrice.

DAS (DES) CONFIANÇAS

Os do hemisfério norte

sempre praticaram:

Quem controla .... não paga

e

quem paga .... não controla.

DA DIREÇÃO E DA PRECISÃO I

O contrário do direto

é o acessório.

Ou

quanto mais acessório

menos essencial.

"Não carregue supérfluo"

DA DIREÇÃO E DA PRECISÃO II

No horizonte
preocupe-se com a direção

não perca tempo
com a precisão.

....

No dia-a-dia
cuide dos detalhes
e
do futuro.

DOS TAMANHOS

Todos têm um limite

de competência

quando mais rápido

conhecer o seu

mais barato será

e

talvez mais longe

você chegará ....

DAS DIFICULDADES

Nem todos
que começaram pequenos cresceram
mas
quem cresceu aprendeu
que cada fase
requer reposicionamentos e ajustes
muitas vezes dolorosos ou até trágicos.
Como na vida,
                não se cresce sem crises.

"As exceções mentem"

DO ESQUECIMENTO

Nunca se deve pagar de uma só vez uma dívida muito grande e atrasada.

O fornecedor recebe e some.

Deva um pouco ....
.... seja lembrado.

DOS ESTIGMAS

Rótulos

todos têm um.

Você sabe o dos outros

mas nunca (contam) o seu.

DA SEDUÇÃO I

Não vá depressa demais,

não atire para todos os lados,

não aposte mais do que pode,

não abra mão da vantagem,

não dê chance ao azar.

DA SEDUÇÃO II

E lembre-se

    tentação não se enfrenta

        evita-se.

DAS EXIGÊNCIAS

A auto-crítica
mal feita (fora de prumo)
e fora da hora
é desastrosa:

(antecipada) leva a paralisação
(atrasada) serve como desculpa.

"Regule a intensidade e o momento"

DAS PREVISÕES

As grandes catástrofes

ou Deus manda

ou são

uma sucessão e acúmulo

de pequenos erros.

Não duvide

que a soma dos erros

vai dar ………………….. merda.

DO VOAR

"O preço da liberdade

é a independência"

Não dependa de ninguém.

Nem nos negócios

nem na vida.

Sustente-se

DO ACABAR

A precisão e a perfeição
são os maiores inimigos do finalizar.

Sem falar na preguiça
e na desconcentração ....

Não duvide.

"Mais vale um trabalho razoável
        dentro do prazo
                que um ótimo ...... fora".

DA PROLE

Ou você gosta de gente

ou muda de atividade.

Pois

quanto mais se cresce ou sobe

mais gente se tem para

administrar / cuidar.

DAS BULAS

Todos querem receitas;
melhor ainda dicas / atalhos.
Na verdade, não existe.
Só trabalho
muito trabalho ....
....
....

E reze
para continuar trabalhando muito
e seja feliz.

DO RESUMO

Como já foi dito;
na administração, como na vida,
tudo é questão
de saber e ser sutil
e
se você chegou até aqui
sem saber a diferença
entre
importante e urgente
comece tudo de novo

ou .... mude de ramo.

DOS RESULTADOS

Se conseguir praticar
algumas dessas mínimas,
você estará no caminho
de ser visto
como um grande administrador ...

mas perigando como ser humano.

Obs.: as regras morais ....
.... não permitem exceções.

DO RECOMEÇO

Não tenha medo

de recomeçar

mas faça

diferente e melhor;

adicione

"muito (o) prazer"

DO FINAL

.... TCHAU

EPÍLOGO

Caro leitor,
Se você está lendo esta página final
(e não folheando de trás pra frente)

espero que tenha gostado.

Se algumas partes
fizeram-no pensar, muito bom,
e se sorriu
lembrando de algumas situações
próximas e vívidas
... fico muito satisfeito, e recompensado.

Se você, contudo,
faz parte daqueles que não gostaram,
lamento pelas minhas possíveis falhas.

Mas, com educação,
ouso lembrá-lo
que a escolha foi de sua inteira
responsabilidade
e aí você também falhou / dançou
pois não soube escolher um livro a sua
altura.

Não me leve a mal, mas,
da próxima vez, procure ter mais atenção...
"Escolher é primo próximo do decidir".

MSN